Katzen

SAMTPFOTEN
AUS ALLER WELT

*Das Glück badet die Katze, die weiß, wie man stillsteht.
Aber die Katze, die vor ihm hergeht, mit weichen Pfoten
und offenen Nasenlöchern, wird vom Glück begleitet.*

Maurice GENEVOIX

TUUL & BRUNO MORANDI

Katzen

SAMTPFOTEN
AUS ALLER WELT

FREDERKING & THALER

Die kleine Katze
Die Krallen transparent und perlmuttfarben
Die Ohren beweglich, sie hört auf meine Stimme
Die Augen nass und klar
Eines Nachts, als das Viertel leicht nach Minze duftete,
kamst du von weit her
Komm! Ich grüße dich!
Ich bin ein Mensch und du bist eine Katze.

Inaba MAYUMI

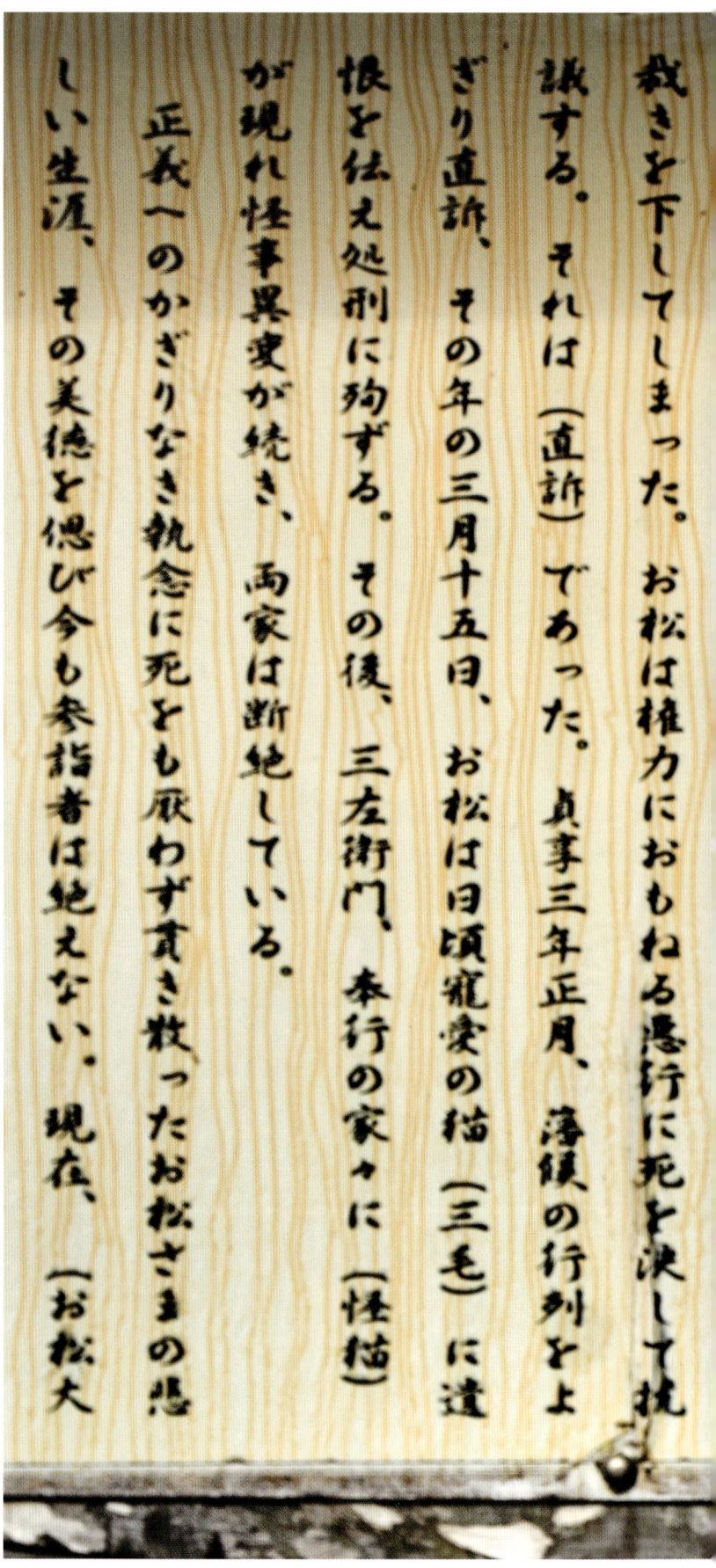

»Die Katze geht ihren eigenen Weg und alle Orte sind ihr recht.«
Sie überquerte auf Booten die Meere, mit der Mission, den Bestand der Ratten zu reduzieren;
die langen Wege machen ihr keine Angst; sie isst wenig, trinkt noch weniger,
und vor allem weiß sie, wohin sie geht: nach Osten,
wo die Sonne im Morgengrauen wieder auftaucht,
denn sie ist es, die Katze, die Hüterin der Geburt des Lichts.

Nelly DELAY

Katzen waren schon immer Teil unseres familiären Umfelds. Von Kindheit an, in der Mongolei oder in Frankreich, haben sie uns gezähmt, uns gelehrt, sie zu respektieren, Zärtlichkeit und einfaches Glück gebracht. Später, als Erwachsene, wurden wir zu Reisefotografen. Ein Nomadenleben, in dem die Katze, die im Laufe der Jahrhunderte sehr sesshaft geworden ist, kaum ihren Platz finden konnte. Seit achtzehn Jahren reisen wir um die Welt auf der Suche nach flüchtigen Momenten, in denen wir den Atem des Augenblicks und das Farbenspiel festhalten können, immer mit einer optimistischen Weltsicht, um Magazinseiten zu illustrieren, Bücher zu produzieren oder etwas zum Träumen zu geben … Auf unseren Reisen erleben wir all die Begegnungen mit Katzen als willkommene Pausen bei unserer Arbeit, Zwangspausen, weil es für uns nicht vorstellbar ist, an einer Katze vorbeizugehen, ohne zumindest einen Augenblick mit ihr zu verweilen. Wir haben immer wieder Kätzchen in Not gerettet, und nach der Versorgung in unserem Hotelzimmer sind wir mit ihnen auf die Suche nach einer guten Seele, ihren zukünftigen Gefährten, gegangen … und wir haben immer jemanden gefunden!

In den Gassen und auf den Plätzen der Welt laufen Katzen friedlich herum, besiedeln Räume und bieten unserem Fotografenauge ständig neue Inspirationen. Ihr tägliches Leben einzufangen und zu beobachten, hat uns einige große Lektionen in Geduld gegeben. Sie können sehr lange reglos eine Ecke beobachten oder die ersten Strahlen der Morgensonne genießen. Frech und raffiniert, spielen diese freundlichen Tiere uns oft Streiche und spielen mit uns »Katz und Maus«. Zärtlich und verführerisch, lassen sie sich dennoch gerne porträtieren. Als versierte Ästheten wählen sie die fotogensten Orte, um lässig zu posieren. Poeten oder Clowns, sie lassen sich in Nischen oder versteckten Winkeln nieder, um herumzuliegen, zu faulenzen oder zu schlafen. Das Fotografieren dieser seltenen Momente und das Einfangen von unerwarteten Posen dieser vierbeinigen Kuscheltiere ist bei unseren Reportagen zu einem unerschöpflichen Thema geworden. Unsere Herangehensweise an das Fotografieren von Katzen ist die gleiche wie an das Fotografieren von Menschen geworden: stundenlanges, möglichst unauffälliges Begleiten, um einen Moment der Erhabenheit zu erfassen, einen entscheidenden Augenblick, ohne die Ruhe unserer Objekte jemals zu stören. Die Zeit, in ihrer Begleitung zu vergessen, sie in ihren verschiedenen Aktivitäten zu betrachten, mit ihnen zu spielen, Zärtlichkeiten auszutauschen, ihre Gewohnheiten zu beachten und in den nächsten Tagen wiederzukommen, das alles ist unsere Routine als Katzenfotografen. Nicht zu vergessen natürlich unser unverzichtbarer Beutel mit Leckerlis, unsere Bringschuld, denn das Leben einer Straßenkatze ist nie einfach!

Nach achtzehn Jahren des Herumreisens und der Begegnung mit Katzen bot sich natürlich die Idee an, ihnen ein Buch, eine Geschichte in Bildern, zu widmen. *Samtpfoten aus aller Welt* ist eine Möglichkeit, unsere Leidenschaft für diese tollen Wesen, so sensibel und dennoch stark und verletzlich zugleich, mitzuteilen. Dieses Buch ist auch ein Liebesgeständnis an unsere Katze Mujra, die unser Leben in Paris seit zehn Jahren zu unserem größten Glück mit uns teilt, dieser unauffällige, aber abreißende Ariadnefaden, der all unsere Reisen insgeheim verbindet.

Das beliebteste Haustier in Europa, von den Pharaonen vergöttert, von den Japanern verehrt, von Poeten und Schriftstellern geschätzt, angebetet oder manchmal verachtet von der Gesellschaft … die kleine Katze, sie hat tatsächlich unseren ganzen Planeten erobert.

VOM WILDEN TIER BIS ZUM GELIEBTEN KUSCHELTIER

Schön und geheimnisvoll, gezähmt wegen ihres Jagdhungers auf Nagetiere, hat die Katze es verstanden, überall ein enger Freund des Menschen zu werden. Weder wild noch unterwürfig, gefleckt oder gestreift, ganz gewöhnlich oder herausgeputzt, nimmt sie einen einzigartigen Platz in der Gesellschaft ein, wandert nach Belieben durch die Gassen, besiedelt schweigend Städte, Dörfer und Medinas, fühlt sich zweifelsohne überall wohl. Angeblich haben Katzen sieben Leben. Als sich der Mensch vor etwa 10 000 Jahren im Nahen Osten niederließ und Bauer wurde, verdiente sich die Katze als Hüter der Ernten ihre Eintrittskarte in die menschliche Welt. Das auch aus dem afrikanischen Wald hervorgegangene Wildtier verwandelte sich bald in eine Hauskatze, denn kein Mensch hat sie je unterdrücken können. Die auf Zypern gefundenen Überreste einer 10 600 Jahre alten Katze, die mit einem Kind zusammen begraben wurde, zeugen von dieser sehr alten Gefühlsverwandtschaft. Ein entscheidendes Zusammenleben für die Menschheitsgeschichte, denn dieses aufmerksame Raubtier erlaubte es dem Menschen, seine Erträge zu lagern und so mehr von der Landwirtschaft zu profitieren als nur direkt von der Ernte zu leben. Von da an, mal mit ihrem Charme, mal mit ihrem Talent als Rattenfänger, musste die Katze nur noch losziehen, um die Welt zu erobern.

RUND UM DIE WELT

Die vielen Gaben, die diesem rätselhaften Wesen zugeschrieben wurden, erlaubten es der Katze, als Göttin im alten Ägypten zu regieren – wo sie Bastet, der wohlwollenden Göttin des Vergnügens, ihr Aussehen verlieh – und die Pharaonen beteten sie bereits 1 500 v. Chr. an. Sie war damals Verbündete und Begleiterin von Ra, dem Gott des Lichts und der Sonne, und von Isis, der Göttin der Nacht und Schönheit. Aber es ist ihr prosaisches Talent als Rattenfängerin, das die treibende Kraft hinter ihrer Reise um die Welt bleibt. Die Phönizier stahlen heimlich die »Katzengöttin« von den Ägyptern, um sie bei ihrem Handel auf See zu nutzen. Vor 3 000 Jahren landete die Katze in griechischen Städten und bald auch auf Kreta und auf den Kykladen, wo sie die Früchte des Fischfangs und die Wärme der Sonne sehr schätzte. Gestärkt und erholt verließ sie bald Anatolien, um den europäischen Kontinent zu bevölkern. Von Nordafrika bis zur italienischen Küste birgt das Mittelmeer keine Geheimnisse mehr für den vierbeinigen Eindringling. Von dort aus dringt sie über die Handelswege weiter nach Europa vor. Die Bewegungen der römischen Legionäre beschleunigten ihren Einzug, und schon im 5. Jahrhundert hatten die kleinen Katzenpfoten das gesamte Reich besetzt. Der Islam räumt ihr einen besonderen Platz ein. Ihre legendäre Sauberkeit erlaubt es ihr, Gebetsteppiche zu betreten und sogar auf dem Mantel des Propheten zu schlafen, der – so sagt man – lieber seinen Mantel zerschneiden würde, als seine Katze zu wecken. Von der Türkei bis Marokko setzt die Katze ihre unaufhaltsame Eroberung fort. Sie begleitet christliche Priester bei der Verbreitung ihres Glaubens nach Nordeuropa. Vielseitig in ihrer Funktion als Rattenfängerin bewacht sie die Klöster und dämmt so die Pest ein, ein großer Dienst, der von der Kirche schnell vergessen wurde. Bereits im 12. Jahrhundert hat die Kirche der Katze ein grausames Schicksal zugefügt, indem sie ihr eine angeblich teuflische Natur und ein Bündnis mit Hexen zuschrieb, das sie zu einem echten Sündenbock machte. Eine schreckliche Katzenjagd wurde dann in einem mittelalterlichen Europa durchgeführt, das in Angst vor Epidemien versank.

NACH ASIEN

Die Buddhistische Weisheit wird ihr ein solches Schicksal ersparen. Nachdem ihr die heikle Aufgabe zugesprochen wurde, heilige Manuskripte vor der Gier der Nagetiere zu schützen, reist die Katze gemächlich mit den Mönchen in orangefarbenen Togen durch die Seidenstraßen und trägt die Botschaft Buddhas in die entlegensten Winkel des asiatischen Kontinents. Obwohl ihr Zusammenleben mit dem Menschen bereits 4 000 v. Chr. im Industal (Harappa) und sogar 5 000 v. Chr. in China (Shaanxi und Hunan) dokumentiert ist, dass sie bereits in hinduistischen Riten gefeiert oder später von konfuzianischen Dichtern besungen wurde, eroberte die Katze erst mit der Verbreitung des Buddhismus und dem intensiven Seidenhandel definitiv um 500 v. Chr. Asien. Der Eroberungszug des Buddhismus hat sie über Korea und Südostasien sowie Indien auf den japanischen Archipel geführt. Verbunden mit dem Fuchs und der Macht der Nacht, nimmt der Kult, der ihr auf dem Archipel gezollt wird, schnell unglaubliche Ausmaße an, und die Tempel, die der Fruchtbarkeit der Erde gewidmet sind, die sie garantieren soll, vermehren sich.

DIE ZEITGENÖSSISCHE KATZE

Die Katze, die in der Renaissance von Gelehrten und vom humanistischen Geist rehabilitiert wurde, war im Begriff, die Neue Welt zusammen mit den Siedlern zu erobern. Im 18. Jahrhundert verbreitete sich das kleine Pelztier schließlich ungehindert auf dem ganzen Planeten und seine lange Odyssee um die Welt endet. Die geheimnisvolle Natur und Anmut der Katze inspirieren Dichter und Künstler, ihre Eleganz gefällt in mondänen Salons, Maler verewigen sie in ihren Bildern, Schriftsteller loben ihre Intelligenz und Unabhängigkeit. Von Balzac bis Colette, von Jean Cocteau bis Ernest Hemingway, von Auguste Renoir bis Picasso oder von Gustav Klimt bis Paul Klee, die Katze wird von den Größten gefeiert. Darüber hinaus entstanden Ende des 19. Jahrhunderts große Katzenausstellungen im Wettbewerb um ihre Schönheit.

Im 21. Jahrhundert mutierte diese ehemalige Rattenfängerin, etwas aus der Übung gekommen, buchstäblich zum Haustier, zum Freund des Menschen, Familienmitglied, geliebt und vergöttert, bis sie schließlich den Status eines »mit Feingefühl ausgestatteten Lebewesens« erhielt. Heute sind wir sicher, dass 400 Millionen Hauskatzen auf der Welt leben, davon 10 Millionen allein in Japan und 9,6 Millionen in Frankreich. Das feinste Katzenfutter hat die Ratten ersetzt, und man schlägt seine Katze nicht mehr, sondern man verwöhnt sie! Tatsächlich hat sie uns definitiv in ihre Dienste genommen. Sagt man nicht, dass Gott vorsorglich die Katze erschaffen hat, damit der Mensch das Vergnügen hat, einen Tiger ungestraft zu streicheln?

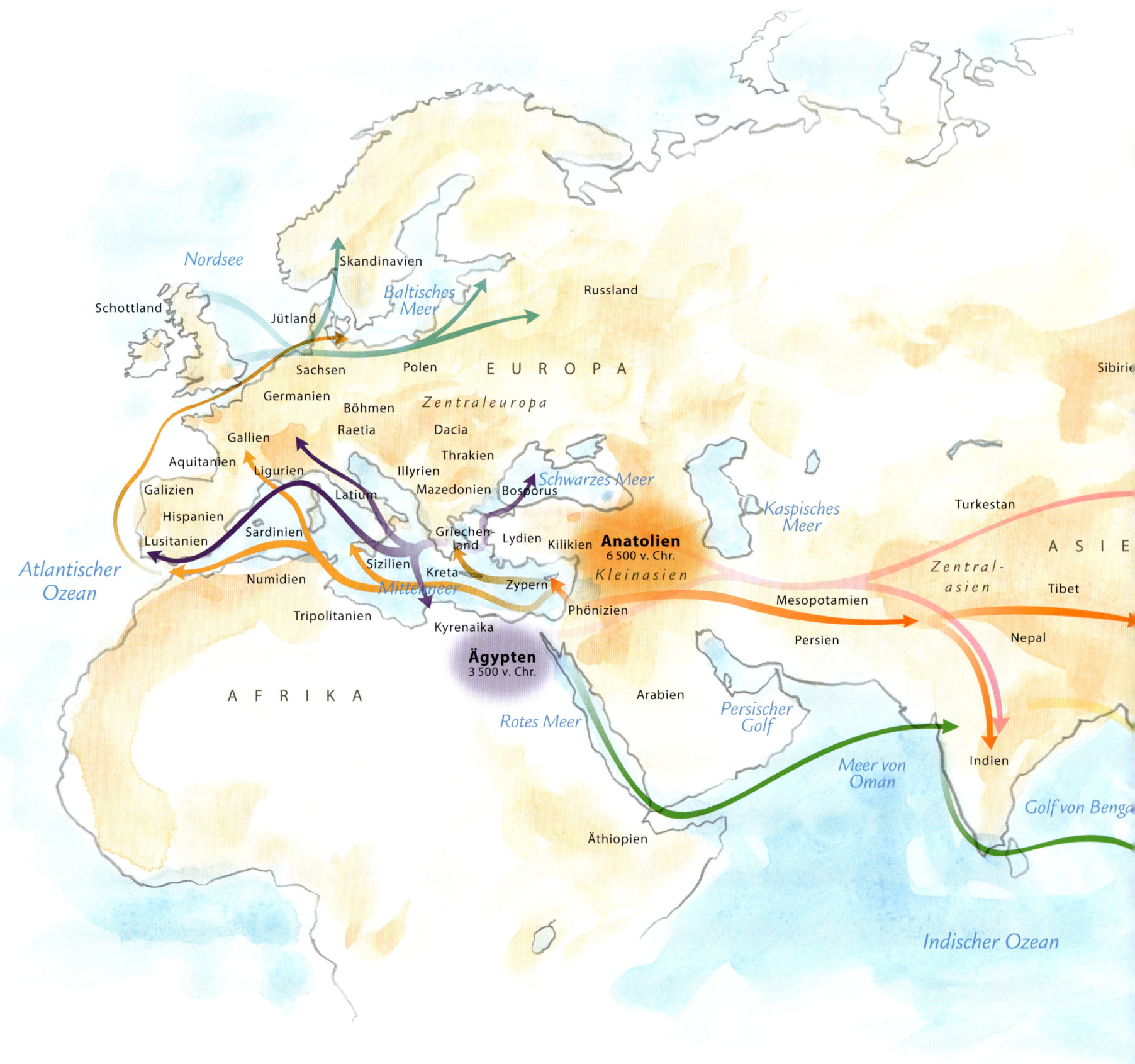

Baikalsee

Mongolei

Japan
Japanisches Meer

Shaanxi
3 300 v. Chr.

China

Pazifischer Ozean

Annam

Chinesisches Meer

Siam

Borneo

- 8 600 v. Chr.
- 900 bis 600 v. Chr.
- 500 v. Chr.
- 500 v. Chr.
- 100 v. Chr.
- 6. bis 9. Jahrhundert
- 6. bis 9. Jahrhundert
- 7. bis 11. Jahrhundert
- identifizierte Domestizierung

Die Katze »ging ihren eigenen Weg, und für sie waren alle Plätze gleich«, schrieb Kipling. Ja, aber seit wann lebt die Katze zusammen mit dem Menschen? Nachdem man lange gedacht hat, dass das erste harmonische Zusammenleben in Ägypten etwa 4 000 bis 5 500 Jahre zurückliegt, geht man heute davon aus, dass es viel früher war, seit die 10 600 Jahre alten Überreste einer Katze auf Zypern gefunden wurden – wahrscheinlich die Reisebegleiterin eines Matrosen. Man hat auch kürzlich herausgefunden, dass sie als Hüterin der Ernte bereits vor etwa 5 300 Jahren in Shaanxi, China, ihren Dienst verrichtete. Aller Wahrscheinlichkeit nach kommt der Vorfahre der Hauskatze, wie wir sie kennen, aus Anatolien – vor 7 500 bis 8 500 Jahren – und dann wiedergeboren aus Ägypten, das sie zur Göttin gemacht hat. Die erste anatolische Migrationswelle verlief über den Balkan und den Mittleren Osten nach Europa und die zweite, viel später, nach Iran, Armenien, den Nahen Osten und Afrika, bevor sie auf griechischen und phönizischen Schiffen die Seewege vom Mittelmeer nach Nordeuropa erschloss. Indem sie römischen Legionen auf den Seidenstraßen folgte oder die arabische Halbinsel umlief, hat die Katze vor 1 300 Jahren die Grenzen Europas erreicht, dann Skandinavien und Russland, während ihre Anwesenheit in Indien und China vor 2 500 Jahren dokumentiert ist. Von buddhistischen Mönchen geschätzt, wird es länger dauern, über China und Korea den japanischen Archipel zu erreichen – gleichsam ein neues Ägypten für sie, weil sie dort so verehrt wird. Erst zwischen dem 6. und 9. Jahrhundert erschien sie dort wie auch in Indonesien. Sie wird zunächst mit der Ankunft portugiesischer und spanischer Siedler im 15. und 16. Jahrhundert in Südamerika gesichtet und dann im 19. Jahrhundert in Nordamerika mit den englischen Siedlern.

Afrikanischer Zwischenstopp 18

Sultane des Orients | *Von der Türkei bis nach Marokko* 40

Kleine griechische Götter 74

Neugierige Reisende 140

Weiten des Ozeans | *Im Land der aufgehenden Sonne* 192

Der reglose Nomade 226

*Ob schlafend oder umherziehend,
die Katze ist ein lebendes Kunstwerk
in ständiger Veränderung.*

Patricia HIGHSMITH

Afrikanischer Zwischenstopp

Schatten und Ruhe im Schutz der Festung Lamu in Kenia

*S*an-si-bar … Drei Silben, ein mythischer Name, ein musikalischer Klang, die Beschwörung eines fernen, exotischen Landes, das unsere Sehnsucht genährt und die größten Reiseschriftsteller zum Fantasieren angeregt hat, ob Henri de Monfreid, Joseph Kessel, Arthur Rimbaud oder Joseph Conrad, die verzweifelt waren, es nie erreichen zu können. Diese paradiesische Insel vor der Küste Tansanias, wo einst der Handel mit Gewürzen, Elfenbein und Sklaven blühte, war einer der wichtigsten Handelspunkte zwischen Persien, Indien, Arabien und Afrika.

Vor etwa zehn Jahren führte uns bei einem Zwischenstopp der Weg zu diesem faszinierenden Ort Sansibar, Treffpunkt für Abenteurer und Entdecker aller Art. Die Stadt Stone Town ist die Seele Sansibars, in der sich persischer Zauber, islamische Schamhaftigkeit, Suaheli-Kultur und fürstliche Paläste vermischen, die alle mit dem Aroma indischer Gewürze geschmückt sind … Und die Katzen, die sich durch die unzähligen verwinkelten Gassen schlängeln, haben uns bereitwillig geführt, die Palastruinen, geschnitzte Holzbalkone, Eisentore, versteckte Kirchen und Moscheen oder einen heißen Hammam zu entdecken – Überbleibsel von Sansibars vergangener Pracht …

Kürzlich haben wir eine Reise nach Lamu Island gemacht, eine kenianische Insel nahe Sansibars, um unsere vierbeinigen Freunde wiederzusehen. Hier, gleiche Geschichte, gleiche Erscheinung, gleiche Kultur. Aber in Lamu befindet sich heute die größte Anzahl von Katzen, die in aller Ruhe zwischen den verfallenen Palästen und dem imposanten Fort umherlaufen, nachdem sie offenbar einen Pakt mit den lokalen Fischern geschlossen hatten. Es muss gesagt werden, dass die Einwohner sie als Nachkommen der Katzen der Pharaonen betrachten … Als Rattenfänger auf den Handelsschiffen aus Kairo waren sie schon vor langer Zeit in den frühen Tagen des Handels zwischen Arabien und Ostafrika auf dem Lamu-Archipel gelandet. Langbeinig, knochig, mit klobigen Schwänzen, rot, getigert, schwarz-weiß … ihre unterschiedliche Erscheinung erzählt, wie die der Menschen, die Geschichte dieser Inseln im Epizentrum von Handel und Gewerbe im Indischen Ozean, wo Kulturen aus allen Ecken der Welt zusammentreffen.

Junge Katzen sind fröhlich, lebhaft, hübsch
und könnten auch gut Kinder erfreuen,
wenn man die Schläge ihrer kleinen Pfoten
nicht fürchten müsste; aber ihre Spielerei,
obwohl immer angenehm und leicht,
ist nie unschuldig, und sie kann schnell in
eine böse Gewohnheit umschlagen ...
Ihre Natürlichkeit, Feind jeglicher
Einschränkung, macht sie unfähig zu
einer weiteren Unterweisung.

Buffon

Auf dem Hauptplatz der Stadt Lamu in Kenia.
Das Spiel der Katzen stört die Unterhaltung der Männer überhaupt nicht.

Auf den Inseln Lamu und Sansibar.
Die Straßenkatzen werden von den Bewohnern
respektiert und leben vertrauensvoll an ihrer Seite.

*Eine Katze, die zwanzig von 24 Stunden am Tag schläft,
ist vielleicht das Geschöpf, das Gott am besten gelungen ist.*

Jules RENARD

Lamu, Kenya

Mimikry: *Fähigkeit bestimmter Tierarten, sich zu schützen,
indem sie sich der Umgebung oder einer anderen Art anpassen.*

Wörterbuch

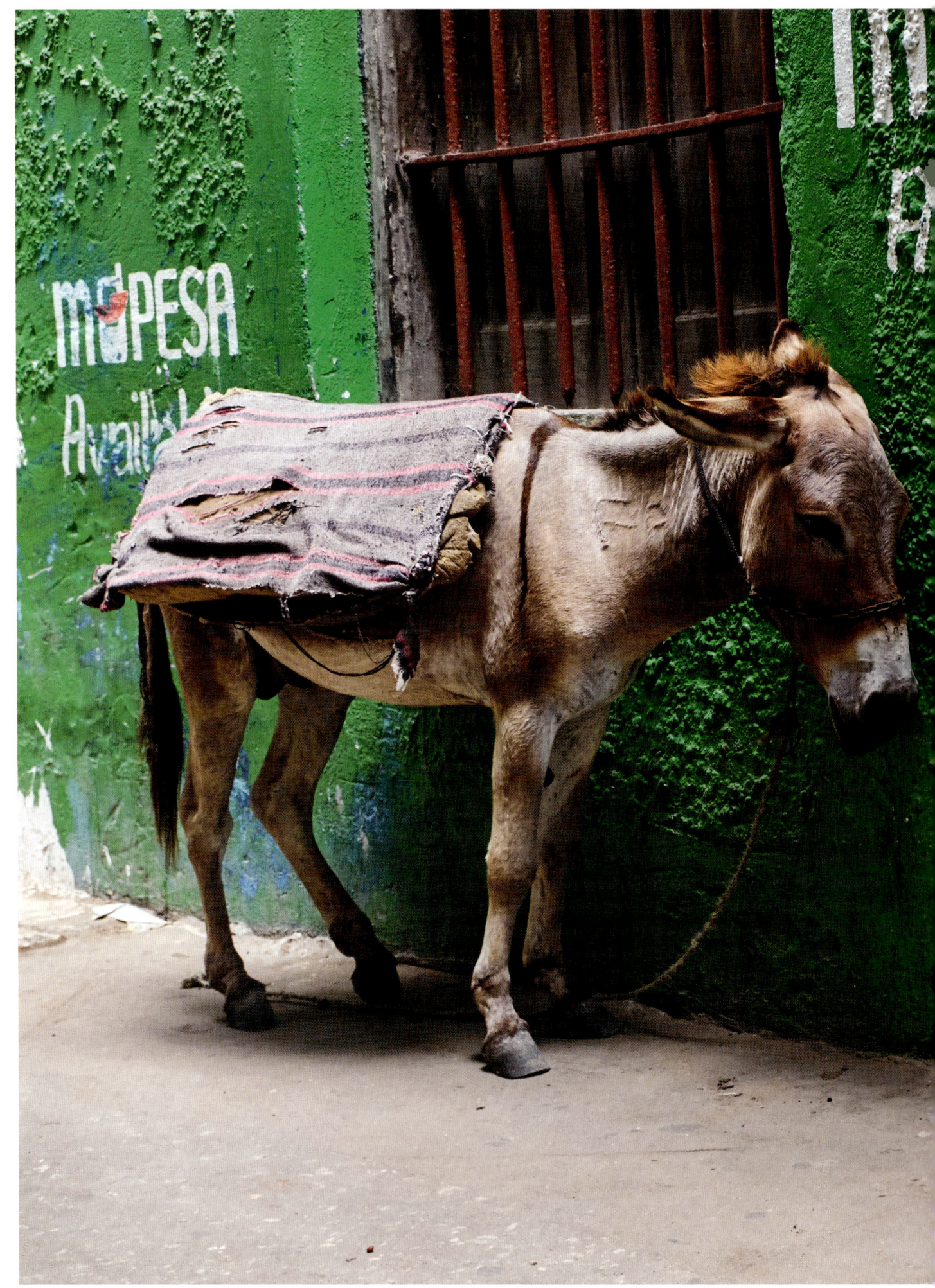

Ich habe oft von einer Welt geträumt, die nicht mehr die von Macht, Nationen oder »Blöcken« sein würde, sondern eine Welt im Sinne der Katzen.

Dieses Thema darf nicht einfach abgetan werden, es ist von länger anhaltender Bedeutung als all diese längst unerklärlichen und bald vergessenen Konflikte.

In jedem Fall würde der Streit weniger Blutvergießen verursachen. Dennoch würden dort alle Artefakte der psychologischen Kriegsführung zur Schau gestellt, der groben Propaganda, der blinden Leidenschaften. Auf beiden Lagern würden sich intelligente, aber ebenso entschlossene Menschen gegenüberstehen.

Denn die Katze erlaubt keine Unentschlossenheit; sie erleidet keinen Kompromiss zwischen Liebe und Hass, zwischen Bewunderung und Angst.

Gilbert GANNE

Du bist zeitlebens für das verantwortlich,
was du dir vertraut gemacht hast.

Antoine de SAINT-EXUPÉRY

In den Gassen von Stone Town, der Hauptstadt Sansibars

Sultane des Orients

Von der Türkei bis nach Marokko

In der muslimischen Welt stellen Medinas und Basare noch immer die magische Atmosphäre von *Tausendundeiner Nacht* her. Wir genießen es immer wieder, auf der Suche nach dem Echo einer fernen Zeit zu schlendern, in der Ästhetik selbstverständlich schien und die Harmonie zwischen Mensch und Umwelt von Feinheit und Schlichtheit geprägt war. Nostalgisch reisten wir durch Städte und Dörfer Marokkos, des Iran oder der Türkei auf der Suche nach unseren geliebten Begegnungen mit Katzen. Katzen sind in der Tat sehr beliebt in der muslimischen Welt, der Prophet Mohammed selbst ist sehr mit seiner Katze Muezza verbunden und hat den gesamten Islam in seiner Zuneigung zu Katzen stark beeinflusst. Ob osmanischer Pascha, arabischer Sultan oder Schah von Persien, der kleine König mit dem markanten Schnurrbart ist immer dabei.

In Marokko war die blaue Stadt Chefchaouen der perfekte Ort und vielleicht einer der fotogensten Orte, um das Schauspiel unserer vierbeinigen Freunde zu beobachten. Die Medina, eine der schönsten im Norden Marokkos, mit ihrem Labyrinth aus engen Gassen, steilen Treppen und niedrigen Wänden, die jede motorisierte Präsenz verbieten, eignet sich perfekt für ihren Einsatz. In aller Ruhe können sie ihr Territorium abgrenzen und reibungslos mit Frauen, Männern und Kindern zusammenleben, bis sie sich unauffällig in den Alltag der Stadt einfügen. Sie laufen die stufigen Gassen hinunter, schlendern stolz mit erhobenem Schwanz in den Straßen des Souks herum und erscheinen hier und da inmitten der in kräftigem Blau getünchten Häuser. Ein Paschaleben unter einem fast einfarbigen Himmel! Das Blau umhüllt die ganze Stadt in einer sanften und beruhigenden Atmosphäre. Am Ende des Tages versammeln sich alle vor den Türen einiger Geschäfte, wo man großzügig Futter austeilt, was sie selbst nicht bereit sind zu suchen. Katzenfreundschaften, sagt die Tradition, bringen Segen!

Jeder, der die islamische Welt besucht, wird feststellen, wie zahlreich die Katzen auf den Straßen von Kairo sind – aber auch in Istanbul, Kairouan, Damaskus und vielen anderen Städten. Es gibt keinen Ort, der nicht an dieses Sprichwort erinnert, was der Volksglaube dem Propheten Mohammed zuschreibt: »Die Liebe zu Katzen ist Teil des Glaubens«.

Annemarie SCHIMMEL

Im Souk von Tanger wandern die Katzen frei herum.

Katzen werden missverstanden,
weil sie es verachten, sich zu erklären.
Sie sind nur für diejenigen rätselhaft,
die die Ausdruckskraft der Stille nicht kennen.

Paul MORAND

*Abgesehen von den Charakteren kann
man sich eine Katze nicht wirklich vorstellen,
ob Straßenkatze oder Perserkatze, die
in ihrem Wesen nicht »gut« ist,
die keine Klasse und Raffinesse hat.*

Gilbert GANNE

Die Medina von Tanger bietet ein friedliches Königreich
für unsere Freunde, die Katzen.

Ich glaube, dass die Katze der letzte Vertreter des irdischen Paradieses ist. Es ist das domestizierteste und wildeste Tier zur gleichen Zeit.

Remo FORLANI

Die blaue Medina von Chefchaouen in Marokko

Die Katze ist absolut ehrlich:
Menschen verstecken aus dem einen oder
anderen Grund ihre Gefühle. Katzen nicht.

Francis BLANCHE

Die Katzen teilen sich friedlich die in bläulichem Schatten liegende Altstadt von Chefchaouen,
auf Treppen, in kleinen Gassen und ruhigen Ecken.

Die Pfoten der Katze lassen sie ihre eigene Existenz vergessen; man hat noch nie gehört, dass sie aus Ungeschicklichkeit Lärm machen, egal wohin sie gehen. Katzen bewegen sich so leise, als würden sie in der Luft oder auf Wolken gehen.

Sôseki NATSUME

Herumstromern war ihre größte Freude.
Es gab ihr das Gefühl von einem Weggehen ohne Ziel,
die Klarheit einer helleren Hoffnung,
heller als jede Eroberung.
Sie lief, frei, in die kalte und klare Nacht,
in die grenzenlose Weite der Welt.

Maurice GENEVOIX

Katzen haben einen Sinn für Hierarchie.
Das ist ein Sinn für Orte wie bei Königreichen.
Wie ihr Königreich. Wer sind die Wesen, für die
diese Orte die Königreiche sind? Die Katzen.

Pascal QUIGNARD

»Es wäre mir sehr lieb, wenn du nicht immer
so schnell erscheinen und verschwinden wolltest:
Du machst einen ganz schwindlig«. sagt Alice.

»Schon gut«, sagte die Katze, und diesmal
verschwand sie ganz langsam, wobei sie mit der
Schwanzspitze anfing und mit dem Grinsen
aufhörte, das noch einige Zeit sichtbar blieb,
nachdem das Übrige verschwunden war.

»Oho, ich habe oft eine Katze ohne Grinsen
gesehen«, dachte Alice, »aber ein Grinsen
ohne Katze! So etwas Merkwürdiges habe ich
in meinem Leben noch nicht gesehen!«

Lewis CARROLL

In jedem Viertel der blauen Stadt
füttern großzügige Bewohner die
herrenlosen Katzen.

Es gibt keine gewöhnlichen Katzen.

Colette

Kleine griechische Götter

Im Herzen der Ägäis gelegen, ist der Kykladen-Archipel unserer Vorstellung, die wir alle von griechischen Inseln haben, treu geblieben: strahlend weiße Häuser, Labyrinthe von Gassen, Windmühlen, winzige bunte Häfen, sonnengetränkte Buchten … und Katzen, die sich hemmungslos recken, glückliche Bewohner dieser ganz besonderen Orte … Seit sieben Jahren zieht uns das einzigartige Licht dieser Inseln wie die Sirenen an und lädt uns unwiderstehlich ein, jedes Jahr im Frühjahr und Herbst wieder zurückzukehren. Von den rund 2 200 kykladischen Inseln und Inselchen sind nur 33 bewohnt, aber jede hat einen einzigartigen Charakter … und unzählige Katzen.

In der Antike, als der Transport von Gütern noch durch die Küstenschifffahrt erfolgte, waren die Kykladen zur Drehscheibe für sämtliche Waren geworden, die das *Mare Nostrum* in alle Richtungen durchquerten. Da unsere Freundin, die Katze, Klima und Nahrung für gut befand, war sie von den Schiffen der reichen phönizischen Kaufleute geflohen, wo sie gezwungen war, über die »Körner« zu wachen. Diese Katze – *ailouros*, griechisch »die mit dem Schwanz wedelt« – wurde bald Teil der Mythologie, als Artemis weise ihre Statur annahm, um dem wütenden Typhon zu entkommen. Seitdem haben die kleinen Bewohner der Kykladen, frei und müßig, eine unglaubliche Überlebensfähigkeit entwickelt. Rank und schlank, geschickt und wild, leben sie mit Eleganz und Gleichgültigkeit, obwohl sie von den Menschen nicht verwöhnt werden. Die Winter sind hart für sie, aber sobald der Frühling wieder da ist, genießen sie die warmen Strahlen der Mittagssonne, gemildert durch die sanfte Brise der Ägäis. Wir sehen sie langsamen Schrittes durch die gepflasterten Gassen wandern, von einem Dach zum anderen »fliegen«, wie sie um ein paar Fische betteln und sich dann, satt, zur Mittagsruhe zurückziehen. Und wenn die Sonne untergeht, zögern sie nicht, sich in das blau eingefasste Weiß ihres schönen Königreichs zu begeben.

Die Katzen haben die Kirchen und Kapellen, die fast jeden Hügel der Kykladen schmücken, als Zuflucht genommen.

Von je des Orts vertrauter Geist gewesen,
Herrscht sie und richtet und beseelt zugleich
Ein jedes Ding in ihrem weiten Reich;
Ein Feenkind vielleicht, ein göttlich Wesen.

Charles BAUDELAIRE

Katzenspiel in den wunderschönen Gassen von Chora,
auf der Kykladeninsel Amorgos

Die Katze hat nur einen Seelenwunsch,
am Ende ihrer Pfoten,
auf ihrer kleinen rosa Nase: frei zu sein.
Brüderlich und doch unzähmbar.

Pascal QUIGNARD

Wie kleine Götter haben die Katzen die Ruinen der griechischen Stadt Ephesus in der Türkei übernommen.

Katzen sind in Einklang mit Friedhöfen. Sie bewegen sich inmitten der Gräber der Verstorbenen.
Sie stören den Frieden dieses Ortes nicht. Im Gegenteil, sie organisieren ihn vielmehr.
Sie bewahren ihn. Sie sind die schützenden Gottheiten.

Frédéric VITOUX

»Fliegende« Katzen inmitten der Ruinen der Johanneskirche in Ephesus

*Aber jetzt kommen die Katzen
und bum!
Nichts mehr für die Ewigkeit!
Vorbei die bürgerliche Sicherheit!
Die Katzen kommen und
damit das Chaos und Leben.*

Frédéric VITOUX

Auf Mykonos, wie anderswo auch, wetzt die Katze ihre Krallen, um ihr Territorium zu markieren.

Auf der Kykladeninsel Santorini

Wenn du sie reinlässt,
will sie plötzlich raus;
sie ist immer auf der falschen Seite der Tür,
und sobald sie im Haus ist,
will sie ausgehen.

T. S. ELIOT

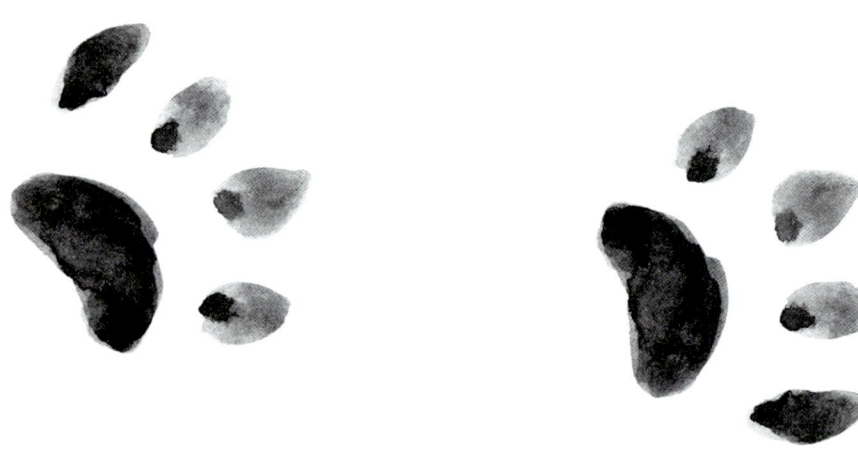

Die Katze hat eines mit Shakespeare gemeinsam: Alles, absolut alles, ist über sie geschrieben worden, auch, dass sie nicht existierte.
Es liegt an uns, zu beweisen, dass es sie gibt. Und wenn sie so viele Federn inspiriert hat, dann deshalb, weil sie, wie Shakespeare, einer der mächtigsten Spiegel der Menschheit ist, die es je gab.

Stéphanie HOCHET

Welchen Sinn macht ein Psychoanalytiker? Die Katze erfüllt diese Funktion perfekt. Auch sie schweigt. Wenn sie selbst die Couch besetzt, liegt es daran, dass es bequemer ist …

Frédéric VITOUX

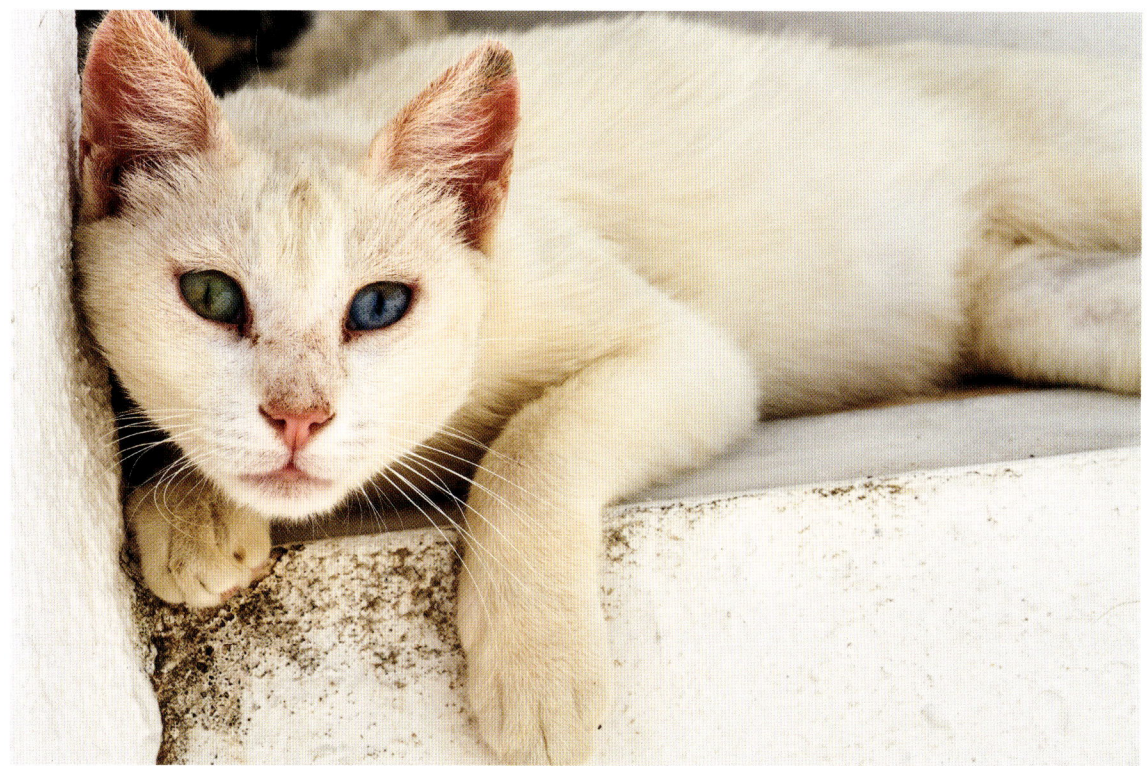

Zärtlichkeit unter Katzen und unterschiedlich farbige Augen auf Mykonos

Auf Santorini, Katzen sind hier ein wesentlicher Bestandteil der Postkarten.

Hochmütig, frei, geheimnisvoll, sinnlich, babylonisch, unpersönlich, sie ist der ewige Begleiter von Erhabenheit und Kunst – Inkarnation vollkommener Schönheit und Gefährte der Poesie – die süße Katze, ernst, weise und nobel.

H. P. LOVECRAFT

Die Katze, wo auch immer auf der Welt,
trotzt dem wilden Lebenskampf.
Sie lebt in ihrer Vergangenheit.

Pascal QUIGNARD

Die Katzen der Kykladen genießen einen
atemberaubenden Blick auf das Ägäische Meer.

Auf den Dächern thronend beobachtet die Katze das Treiben der Stadt.

Es ist die schlichte Eleganz, die uns verzaubert.

Ovid

Die Chinesen lesen die Uhrzeit im Auge der Katzen.

Charles BAUDELAIRE

Morgendliches Herumstreunen dieser Katze
mit griechischem Akzent

Sie bewegt sich umher, wie es ihr gefällt,
besucht ihr Heim zu ihrem Vergnügen,
kann in jedem Bett schlafen, alles sehen und hören,
kennt alle Geheimnisse, alle Gewohnheiten
oder alle Schmach des Hauses.
Sie ist überall zu Hause, kommt überall hinein,
das Tier, das geräuschlos vorübergeht,
der stille Wanderer, der nächtliche Spaziergänger
der hohlen Mauern.

Guy de MAUPASSANT

*Katzen fürchten sich vor Wasser,
deshalb nehmen sie lieber ein Bad
in der Sonne.*

Stéphane CARON

In den Gassen von Ormos Aegialis auf Amorgos

*Es wird gesagt, dass Kröten auf der Stirn ein Juwel tragen, das nachts leuchtet;
aber ich trage in meinem Schwanz eine erbliche Magie,
die nicht nur die Götter, die Buddhas, Liebe und Tod,
sondern auch die gesamte Menschheit verzaubern kann.*

Sôseki NATSUME

Am frühen Morgen
warten die Katzen des
Klosters von Agia Anna
auf Amorgos geduldig
darauf, dass die Mönche
kommen und ihnen ihr
Futter bringen.

Neugierige Reisende

Grenzenlos neugierig, geleitet von ihrem Maul mit den unfehlbaren Schnurr-bartantennen, springt die Katze fröhlich herum mit dem immer wiederkehrenden Durst nach neuen Dingen. Trotz ständiger Aufmerksamkeit, gefangen in ihrer Neugierde, die sie – wie das englische Sprichwort sagt – töten kann, sind die Ängstlichsten von ihnen leicht zu erkennen. Sie wird schnell ein paar flüchtige Streicheleinheiten zulassen, nachdem sie gezähmt wurde. Unter unseren Begegnungen mit Katzen sind die denkwürdigsten offensichtlich diejenigen, bei denen die schüchterne Katze bei den ersten Annäherungsversuchen schließlich zutraulich wurde, bevor sie sich nach einigen Stunden auf unserem Schoß niederließ. Deshalb ist es dem Menschen gelungen, sie überall auf der Welt mitzunehmen. Denn wenn die Katze häuslich ist, wenn sie einen guten Schlaf einer langen schönen Reise vorzieht, durchwühlt sie sofort selbst die hintersten Winkel und Ecken, sobald sie sich in einer neuen Umgebung befindet, geleitet von ihrem Sicherheitswahn. Es gibt kaum einen Ort, den die kleine Reisende mit den Samtpfoten nicht kennt, Gassen und Dächer haben nichts Verborgenes für sie, Meer oder Berge scheinen ihr natürlicher Lebensraum zu sein, sie wird Archäologin in antiken Städten, ob griechisch oder römisch, und weiß, wie man in Klöstern und Kirchen Zuflucht findet. Wir haben sogar eine Nomadenkatze auf dem Dach einer mongolischen Jurte entdeckt! Als Freunde buddhistischer Mönche haben Katzen buchstäblich einige asiatische Klöster bevölkert, wir haben sie getroffen, wie sie sorglos zwischen ehrwürdigen Buddhas umherliefen oder friedlich auf Opferstöcken schliefen, ohne dass die Mönche oder Gläubigen sich beleidigt fühlten … Buddhistische Katze, fliegende Katze, Seekatze, einsame Abenteurerin oder aufmerksame Begleiterin, die neugierige Reisende hat die Gabe, überallhin zu schlüpfen, sich alle Rechte zu gewähren, sich diskret jeder Situation anzupassen, bis sie sich in alle Schauplätze der Welt einfügt, in denen sie gerne zum anmutigen Epizentrum wird.

Ob in einem buddhisti-
schen Tempel (links in
Burma) oder in einem
hinduistischen Tempel
(rechts in Indien), die
Katze ist der Freund
aller Religionen.

Ich habe mit mehreren Zen-Meistern gelebt.
Alles Katzen.

Eckhart TOLLE

*Ich liebe Katzen, diese Tiere des Schattens,
die sich nah ans Herzen schmiegen und Geschichten
schnurren, die nur wenige Menschen verstehen.*

Jean MARKALE

Der Mönch und seine Katze
im Shwe-Yan-Pyay-Kloster in Burma

Im Viertel der Bildhauer hinduistischer Gottheiten von Kumartuli in Kalkutta, Indien, sind Katzen, die den Künstlern treu zur Seite stehen, keine Seltenheit.

Die Katze ist ein Kunstwerk, hier auf einer Brücke der Innenstadt von Singapur.

Hör zu und pass gut auf: Denn dies geschah und passierte und war,
mein Liebling, in der Zeit, als die zahmen Tiere wild waren. (...)
Aber das wildeste von allen wilden Tieren war die Katze.
Sie blieb für sich, und ein Ort war für sie so gut wie der andere.

Rudyard KIPLING

Ich glaube, Katzen sind Geister, die auf die Erde zurückgekommen sind. Eine Katze, davon bin ich überzeugt, könnte auf einer Wolke gehen.

Jules VERNE

Die Katze ist ein Aristokrat.
Sogar die entschlossenste Straßenkatze,
der Bastard unter den Bastarden.
Auch sie ist ein Dandy,
ein Prinz der Dächer, auf ihre eigene Weise.
Sie ist ein Mystiker der Hygiene.
Ein Erleuchteter.

Frédéric VITOUX

Sackgasse für diesen Bewohner von Istanbul, Türkei

Kormoran und Huhn sind als Beute anscheinend zu groß für das kleine Raubtier.

Streuner in einer Gasse auf den Kykladen

Spielende Kätzchen von Chefchaouen (oben)
und neugieriges Kätzchen in der Medersa Bou Inania in Meknes, Marokko (rechts)

Frei wie Katzen.
Und stumm wie Steine,
wo sie hingehen, wo sie springen,
wo sie sich zusammenrollen,
wo sie sich im Strahl der Sonne,
die sie bunt beleuchtet und
die untergeht, erwärmen.

Pascal QUIGNARD

Sie streunt herum, von Ort zu Ort ...

In Indien, wie hier in einer Gasse im alten Kalkutta,
werden Tiere oft verehrt oder zumindest respektiert.

Die Katze ist der älteste
Begleiter des Menschen.
Hier in Griechenland (links)
und in China (rechts).

Was sind die Eigenschaften der Göttlichkeit? Allgegenwart, Allwissenheit, Allmacht, Unsichtbarkeit, Ewigkeit und Liebe. Diese Eigenschaften finden sich mehr oder weniger in allen Religionen. Die Katze, die sich geräuschlos bewegt, weiß, wie man mit Talent verschwindet, sich auf allen Kontinenten vermehrt, besitzt ein göttliches Naturell.

Stéphanie HOCHET

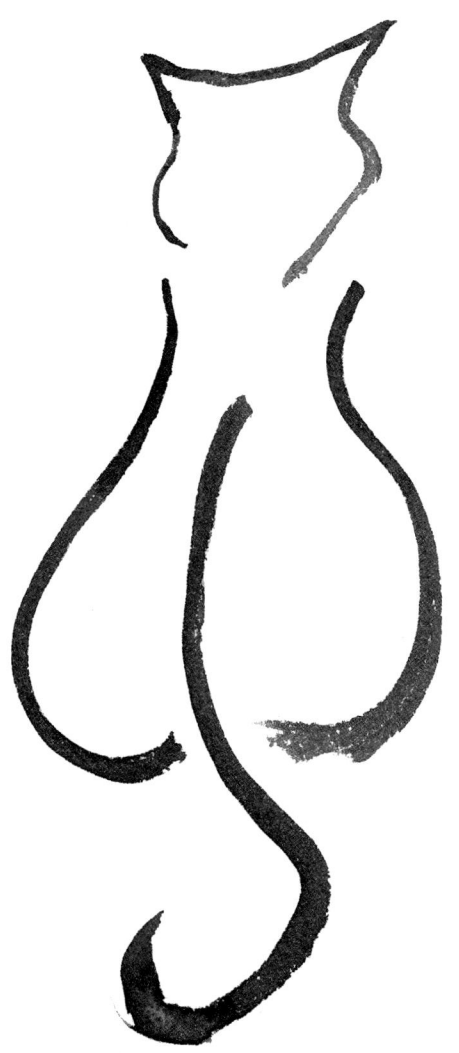

*Meines Wissens ist die Katze das
einzige Tier, dessen Emotionen
durch die Ausrichtung der Ohren,
Pupillen und Schwanzschläge
zu erkennen sind.*

Anne CALIFE

Farbenspiel im Dorf Hodka,
in der Provinz Gujarat in Indien

Die Katze ist förmlich für das hochherrschaftliche Leben im Palast geschaffen. Doch ob Palast oder Baracke, ihr angeborenes aristokratisches Wesen wird von der Art ihrer Behausung in keiner Weise berührt.

Gilbert GANNE

Während alle mongolischen Nomaden mit Hunden leben,
lieben einige die *Muur* – »Katze« auf mongolisch.

Katzen sind oft in Moscheen zu finden, wo sie nicht nur willkommen sind, weil sie Mäuse jagen, sondern auch weil religiöse Menschen denken, dass die Katze sich selbst zu Waschungen begibt. Das Schnurren wurde s ogar mit dem Dhikr, der rhythmischen Psalmodie der Sufis, verglichen.

Annemarie SCHIMMEL

Ob unter den Kasachen (links) oder den Usbeken (rechts), Katzen sind in Zentralasien zahlreich und beliebt.

Ein Katzencafé im Dorf Houtong in Taiwan

Wandmalerei in Singapur

Neugieriges Kätzchen in einer Straße in Shanghai, China

Weiten des Ozeans

Im Land der aufgehenden Sonne

J apan, in unseren Augen der exotische Höhepunkt des Orients, fasziniert uns seit Langem. Dieses Land und seine Kultur schienen uns unzugänglich, zu weit weg, zu fremd … Der japanische Archipel schien uns eine ganz andere Inselwelt zu sein. Erst in jüngster Zeit haben wir den Sprung gewagt, als wir entdeckten, dass es im Land der aufgehenden Sonne einen einzigartigen Katzenkult gibt.

Man munkelt, dass sie die Weisheit des Buddha mitbrachten und dass im 10. Jahrhundert sogar ein seltsamer weißer Kater zum Prinzen gewählt wurde. Ist das einer der Gründe, warum Japaner heute noch so intensiv Katzen verehren? Auf jeden Fall hat sich in der japanischen Kultur seit Jahrhunderten eine echte Katzenmanie etabliert. Während sich ihre Artgenossen auf der ganzen Welt bemühten, dem Menschen einen Dienst zu erweisen, lebte die japanische Katze als Herrscherin in völliger Trägheit – eine Königin, die verfügte, dass solche zarten und schönen Wesen nicht arbeiten sollten … Als sie um das 6. Jahrhundert auf dem Archipel ankam, war es der Katze gelungen, sich mit ihrem Charisma durchzusetzen und den Respekt der Menschen zu gewinnen. Als Symbol für Wohlstand und Reichtum ist die *Maneki-Neko*, die glückbringende »Winkende Katze«, daher allgegenwärtig. Dieser schmeichelhafte Ruf hat sich in Asien weit verbreitet, unter anderem in China, Taiwan und natürlich Hongkong.

In Japan gibt es zahlreiche Katzencafés, die speziell geschaffen wurden, um den Wunsch der armen Stadtbewohner nach Schmuseeinheiten und Spielen mit Katzen zu befriedigen. Denn in den meisten Wohnungen Japans sind Tiere verboten. Man kann auch ungewöhnliche Tempel besuchen, in denen die Japaner vor Tausenden von Katzenstatuen meditieren und Opfer bringen. Aber am erstaunlichsten sind vielleicht die vielen »Katzeninseln«, auf denen Katzen zahlreicher sind als die Menschen, die sie mit Liebe verwöhnen.

Japan war für die Katze
wie ein zweites Ägypten …
man baute ihr einen Tempel,
sie wurde mit dem Fuchskult
in Verbindung gebracht,
man bat sie um die
Fruchtbarkeit des Bodens,
sie wurde von den Frauen
verwöhnt und gefürchtet,
sie bekam eine Rolle im Theater,
sie wurde heilige Gesandte im
geheimnisvollen Königreich der Nacht.

Nelly DELAY

In diesem Tempel, der den Katzen rund um Tokio gewidmet ist, legt ein Pilger ein Opfer zu Füßen der *Maneki-Neko*.

Nicht schweigsamer sind die Spiegel,
und nicht verstohlener der Abenteuermorgen;
unter dem Monde bist du dieser Panther,
den wir von fern nur ahnen dürfen.
Durch göttlichen Ratschluss – unerforschlich –
suchen wir dich vergebens;
entlegener als der Ganges und der Sonnenuntergang
ist dein die Einsamkeit, dein das Geheimnis.
Zur weilenden Liebkosung meiner Hand
gibt sich dein Rücken her.
Du hast seit jener Ewigkeit, die schon längst vergessen
ist, die Liebe der besorgten Hand gestattet.
Du bist in anderer Zeit. Du bist der Herr einer Welt,
unzugänglich wie ein Traum.

Jorge Luis BORGES

Tempel von Fushimi Inari-Taisha in Kyoto

Muzuki-Jima
ist eine der
zahlreichen
Katzeninseln
von Japan.

Bei allen japanischen Seefahrern ist der Glaube tief verwurzelt, dass dreifarbige Katzen (weiß, rot und schwarz), die Nike-Neko, *in der Regel Weibchen, in der Lage sind, das Herannahen von Unwettern zu prophezeien. Sie klettern auf die Schiffsmasten und vertreiben die umherirrenden Seelen der Schiffbrüchigen, die nie ihren Frieden finden und ewig auf den Wellen dahintreiben.*

Nelly DELAY

Porträtgalerie von Bewohnern der Insel Ao-Shima, Japan

Die Augen der Katzen! Es gibt Metaphysik in den Katzenaugen, eine pascalsche Lehre über das Leben.

Frédéric VITOUX

[Katze]

Ich kenne die Katze nicht.
Alles kenn' ich, das Leben und seinen Archipel,
das Meer und die unzählbare Stadt,
die Botanik,
die weibliche Scham und ihre Verirrungen,
das Für und das Minus der Mathematik,
der Erde vulkanische Trichter,
die irrealen Panzer des Krokodils,
die ungekannte Güte des Feuerwehrmanns,
den blauen Atavismus des Priesters,
aber eine Katze vermag ich nicht zu enträtseln.
Meine Vernunft gleitet an ihrer Gleichgültigkeit ab,
ihre Augen haben Ziffern aus Gold.

Pablo NERUDA

*Zugelaufene Katzen werden andächtig in den
Schaufenstern der Händler aller Arten platziert,
den Teehäusern und den Restaurants,
mit der Gewissheit, dass sie Kunden anziehen
und das Glück folgen wird.*

Nelly DELAY

Sie ist ein philosophisches Tier, das an seinen Gewohnheiten hängt,
ein Freund von Sauberkeit und Ordnung. (...)
Séraphita blieb stundenlang regungslos auf ihrem Kissen liegen,
schlief nicht, sondern verfolgte mit außergewöhnlicher Aufmerksamkeit
für normal Sterbliche unsichtbare Schauspiele.

Théophile GAUTIER

Frau Kamimoto San kümmert sich gerne um etwa hundert Katzen auf der Insel Ao-Shima.

Katzencafé in der Stadt Kyoto

Katzendorf Houtong in Taiwan

Katze mit einzigartigem Schnurrbart
in einem Geschäft in Taiwan

Die Katzen schaffen es, immer schön zu sein. Zu dieser Ansicht gibt es keinen Zweifel. Und was zu oft vergessen wird, ist, dass eine Schönheit ohne entsprechendes Auftreten, eine vernachlässigte Schönheit, schon keine Schönheit mehr ist. Keine Befürchtungen, was dieses Thema bei den Katzen angeht. Sie sind wahrscheinlich der vollständigste und schönste Erfolg der Schöpfung. Sie sind ein Schauspiel.

Gilbert GANNE

Der reglose Nomade

E s wird gesagt, dass Katzen zwanzig Stunden am Tag schlafen, und es ist wahr, dass wir überall viel mehr Katzen in Morpheus' Armen begegnen als in voller Aktion …

Von kompakt bis losgelöst, von verschlungener Verzerrung bis hin zu endloser Dehnung, die Positionen einer Katze, die schläft oder vorgibt zu dösen, sind oft inspirierend, berührend und voller unbeabsichtigtem Humor … Ein Hinterbein unter dem Kinn, zu einer Kugel zusammengekuschelt, um das Volumen zu reduzieren und Wärme zu speichern, den Schwanz über der Schnauze oder, entspannter oder gar lässiger, träge und verlassen, den Bauch nach oben, mit heraushängender Zunge oder schamlos offenem Maul.

Von Marokko über Sansibar bis nach Japan haben Katzen überall den gleichen Lebensrhythmus. Während unserer Reportagen stehen wir oft im Morgengrauen auf, um die Magie des Lichts der ersten Sonnenstrahlen an Orten oder Landschaften einzufangen. Sobald wir aufwachen, treffen wir auf die kleinen Wächter auf vier Pfoten, die auf der Suche nach einem ersten wärmenden Sonnenstrahl oder einer ersten Beute durch die verlassenen Gassen schleichen. Wenn wir auf den Plätzen der Städte oder der Medinas einen Kaffee trinken, sind unsere Freunde bereits in einer meditativen Pause, die Blicke nach Krümeln bettelnd oder die Augen zusammengekniffen, um den Morgenstern zu begrüßen. Später am Tag, wenn die Sonne ihren Zenit erreicht hat, wissen sie, wie sie mit Geschick und Schnelligkeit die unmöglichsten Verstecke finden können, um ein erholsames Nickerchen zu machen.

Zeit für das große Feldlager. Der Tag einer Katze scheint darauf ausgerichtet zu sein, den einzigartigsten, gemütlichsten oder ruhigsten Ort zu finden, um immer wieder ein Schläfchen zu halten, das ihrer Meinung nach wohlverdient ist. Je sicherer ihr ein Ort erscheint, desto größer ist ihre Gelassenheit. Sie nimmt also ihre Pose ein, wachsam und auf der Lauer, obwohl sie definitiv nur die Meditation zu schätzen scheint. Und es liegt an uns, sie während unserer Reisen im Dämmerlicht aufzuspüren, um sie zu fotografieren.

Intelligenz kommt im Schlaf. Die Katze bietet das heilsame Bild einer Welt,
deren wirkliche Eroberer im Bett bleiben.

Jean-Louis HUE

In der antiken Stätte von Ephesus, während der heißesten Zeit des Tages, machen die Katzen einen erholsamen Mittagsschlaf.

Diese beiden Kätzchen
von der Kykladeninsel
Sifnos haben den
perfekten Ort zum
Faulenzen gefunden.

Banville berichtet: Als die Kerze von Camoens erlischt, schreibt der Poet sein Gedicht im Augenglanz seiner Katze weiter. Im Augenglanz seiner Katze! Ein weiches und feines Licht, das man sich als eines vorstellen muss, das über allem gewöhnlichen Licht steht. Die Kerze ist nicht mehr da, aber sie war es. (...) Die Katze, dieses tierische Nachtlicht, dieses aufmerksame Wesen, das im Schlaf beobachtet, setzt die Wache im Einklang des Lichtes mit dem Gesicht des vom Genius erleuchteten Poeten fort.

Gaston BACHELARD

Es scheint, als würde ich schlafen, denn meine Augen verjüngen sich, bis sie wie eine Verlängerung der samtigen Linie erscheinen, ein mutiger Lidstrich, ein horizontales und bizarres Make-up, das meine Augenlider mit meinen Ohren verbindet. Ich passe aber auf. Aber es ist die Aufmerksamkeit eines Fakirs, eine glückliche Regungslosigkeit, bei der ich alle Geräusche wahrnehme und jeden Anwesenden errate …

Colette

Was Léautaud betrifft, unkonventionell und verwahrlost wie er war, scheint mir unvereinbar mit dem Temperament der Katze zu sein, die immer fein ist und die, um vollkommen glücklich zu sein, Luxus braucht. Diese Neigung zeigt sich, wenn sie sich von allen Dingen, die sich in einem Raum befinden, aus einem unfehlbaren Instinkt heraus, ausgerechnet auf das Schönste legt: Seidenhemd, Pelzmantel ...

Andernfalls auf das Neueste oder das Weichste. Die Hüte, wenn sie sauber sind, gefallen ihr besonders. Und wenn man dabei ist, etwas zu schreiben, legt sie sich auf die angefangene weiße Seite, als wolle sie den Platz bezeugen, den sie in deinem Kopf einnimmt. Aber sie weiß dein Schweigen, deine Meditation zu respektieren.

Gilbert GANNE

Fassen wir zusammen:
Die Katze ist wesentlich Zen.
Der Rest ist Frivolität.

Frédéric VITOUX

Impressionistische Atmosphäre in Chefchaouen

Kleiner Tiger auf dem Markt in Bangkok, Thailand

Wenn ich das Leben dieser großen Herrscher in ihrem heißen Dschungel nicht teilen kann, so bleibt mir von ihnen diese Miniatur, dieser Stubentiger: meine Katze.

Gilbert GANNE

Die Reiserouten der Katze bleiben unbekannt,
aber wenn es einen Ort im Universum gibt,
an dem sie ganz natürlich lebt,
ist es der Mond.

Nelly DELAY

Ganz anders ist die Katze.
Ihre Unabhängigkeit
von ihrem Herrchen,
ihre liebevolle,
unregelmäßige Anwesenheit,
ihr rätselhaftes Verschwinden,
gefolgt von mysteriöser Heimkehr,
ihre Fähigkeit, zwischen Büchern
und Tintenfässern umherzulaufen,
ohne Unordnung zu schaffen,
all das macht sie zum idealen
Gefährten für einen Schriftsteller.

Michel TOURNIER

Ein Nachkomme von Hemingways zahlreichen Katzen faulenzt im Garten des Hauses des Schriftstellers in Key West, Florida.

Tuul und Bruno Morandi sind seit Jahren Nomaden auf der ganzen Welt. Sie wurde in der Steppe geboren, er am Meer. Trotz der 10 000 Kilometer Entfernung sind sie sich begegnet, und seit siebzehn Jahren teilen diese beiden Fotografen ihr Leben und ihre Leidenschaft. Nachdem sie in der mongolischen Steppe aufgewachsen war und eine einzigartige nomadische Kindheit erlebte, landete Tuul für ihr Studium in Paris. Nach einem Master der Kulturpolitik in Paris begeisterte sie sich für Grafikdesign und Fotografie. Als Finalistin des *Grand Prix Paris Match du photoreportage étudiant* im Jahr 2005 trat Tuul dann in die Welt der Fotografie ein. Der gelernte Architekt Bruno verbrachte jeden Sommer seiner Kindheit im Land seines Vaters, der Toskana. Vermutlich haben diese Hügellandschaften, in denen das Licht das Register der Malerei nie verlässt, sowohl seinen Blick als auch seinen Geschmack für Reisen beeinflusst. Im Alter von 18 Jahren, während einer Reise in den Himalaya, begann er, seine Leidenschaft für die Fotografie zu entwickeln.

Seit ihrer Begegnung reisen die beiden Fotografen um die Welt, auf der Suche nach flüchtigen Momenten, um die Anmut einfacher Gesten einzufangen. Manchmal ist es ein Blick, ein Lächeln oder ein Spaziergang. Neugierig und offen spielen sie mit Licht, fangen Farben ein und gehen innige Beziehungen mit allen Menschen ein, denen sie zwangsläufig begegnen. Katzenverliebt verpassen Tuul und Bruno nie eine Begegnung mit den Samtpfoten. Sie sind auf der ganzen Welt in ihre Fußstapfen getreten, und dieses Buch ist das Ergebnis dieser langen Arbeit und all dieser Begegnungen.

BIBLIOGRAFIE

- Charles Baudelaire,
  Die Blumen des Bösen, Musaicum Books Verlag,
  übersetzt von Wolf Graf von Kalckreuth

- Jorge Luis Borges,
  Das Gold der Tiger, Carl Hanser Verlag,
  übersetzt von Gisbert Haefs

- Lewis Carroll,
  Alice im Wunderland, Hofenberg Verlag,
  übersetzt von Antonie Zimmermann

- Jean-Louis Hue,
  Katzen. Eine Liebeserklärung und eine kleine Enzyklopädie,
  Marion von Schröder Verlag,
  übersetzt von Andrea Spingler

- Rudyard Kipling,
  Wie der Leopard zu seinen Flecken kam, C.H.Beck Verlag,
  übersetzt von Sebastian Harms

- Pablo Neruda,
  Seefahrt und Rückkehr, Luchterhand Verlag,
  übersetzt von Monika López

- Antoine de Saint-Exupéry,
  Der kleine Prinz, Karl Rauch Verlag,
  übersetzt von Grete & Josef Leitgeb

DANK

Danke dir, Mujra, unsere Katze, unsere Tigerin, unsere Katzen-liebe, unsere tägliche Quelle des Staunens, unsere anmutige und spirituelle Freundin, die wir nach deinem Geschmack ein wenig zu oft allein lassen, und danke Rose und Jean-Yves, die dich während unserer diversen Reisen aufnehmen.

Wir danken unseren treuen Verlegern Nûriël Lux und Bernard Chevilliat, verliebt in Katzen (sie füttern täglich dreißig in ihrer wilden Ardèche), für ihre Großzügigkeit, ihr unerschütterliches Vertrauen und dafür, dass sie es uns ermöglicht haben, dieses Buch zu verwirklichen, was uns lieb und teuer ist.

Vielen Dank an alle Katzen, die unseren Weg gekreuzt haben, die uns ein paar Momente des einfachen Glücks geschenkt haben und die hartnäckigen Fotografen, wie wir es sind, geduldig unterstützt haben.

Vielen Dank, Patrice, für deine Talente als Grafikerin und Layouterin und für deine Sensibilität, mit der du unsere Arbeit umgesetzt hast.

Vielen Dank, Christine, für deine wunderschöne Arbeit der Computergrafiken, die es ermöglicht hat, unsere Fotos optimal zu drucken.

Alle Fotos in diesem Buch wurden mit Fujifilm X-T2 und X-Pro2 erstellt. Vielen Dank an Franck Portelance und das gesamte Fujifilm-France-Team, das uns vertraut und uns die hervor-ragenden Kameras und Objektive der X-Serie anvertraut hat.

Zigeuner, streunende Katzen und Stockrosen wissen etwas über die Ewigkeit, was wir nicht mehr wissen.

Christian BOBIN

Verantwortlich: Susanne Then
Produktmanagement & Satz: Silke Schüler
Übersetzung aus dem Französischen: Regina Schüler
Redaktion: Silke Schüler
Korrektur: Susanne Langer-Joffroy
Umschlaggestaltung: Leeloo Molnar
Herstellung: Anna Katavic
Printed in Italy by Printer Trento

Sind Sie mit diesem Titel zufrieden? Dann würden wir uns über Ihre Weiterempfehlung freuen. Erzählen Sie es im Freundeskreis, berichten Sie Ihrem Buchhändler, oder bewerten Sie bei Onlinekauf.
Und wenn Sie Kritik, Korrekturen, Aktualisierungen haben, freuen wir uns über Ihre Nachricht an Frederking & Thaler Verlag, Postfach 40 02 09, D-80702 München oder per E-Mail an lektorat@verlagshaus.de.

Unser komplettes Programm finden Sie unter

www.frederking-thaler.de

Die Deutsche Nationalbibliothek verzeichnet diese Publikation in der Deutschen Nationalbibliografie; detaillierte bibliografische Daten sind im Internet über http://dnb.d-nb.de abrufbar.

Copyright © 2020 für die deutschsprachige Ausgabe:
Frederking & Thaler Verlag in der Bruckmann Verlag GmbH,
Infanteriestraße 11a, 80797 München

Titel der französischsprachigen Originalausgabe:
»La grande odyssée des chats«
Copyright © 2018 der Originalausgabe: Hozhoni Verlag
Grafische Konzeption der Originalausgabe: Patrice Brousseaud

Alle deutschsprachigen Rechte vorbehalten.

ISBN 978-3-95416-318-2